Stöckle
Om Weihnachta rom

Richard Stöckle

Om Weihnachta rom

Mundartgedichte und
Geschichten

Mit Linolschnitten
von
Sepp Buchegger

Theiss

Die Reihe
Autoren der „Schwäbischen Stunde"
wird herausgegeben von
Thomas Vogel

Die Deutsche Bibliothek – CIP-Einheitsaufnahme

Stöckle, Richard:
Om Weihnachta rom: Mundartgedichte und Geschichten /
Richard Stöckle. Mit Linolschnitten von Sepp Buchegger. Hrsg.
von Thomas Vogel. – Stuttgart: Theiss, 1992
ISBN 3-8062-1049-7

Umschlaggestaltung: Jürgen Reichert, Stuttgart
unter Verwendung eines Linolschnittes
von Sepp Buchegger

© Konrad Theiss Verlag GmbH & Co., Stuttgart 1992
Alle Rechte vorbehalten
Satz: Steffen Hahn FotoSatzEtc., Kornwestheim
Druck und Bindung: Ebner Ulm
Printed in Germany
ISBN 3-8062-1049-7

Inhalt

Wenter 7
Am Fueterplatz 9
Dr Schnailuft 12
D'Schleifete 13
Metzga 14
D'Bettfläscha 16
Dr alt Ofa 17
Brotepfel 18
Ofaklötz 19
Brötle 20
Spura 22
Dr Santeklos 24
Om Weihnachta rom 26
Hutzlabrot 28
Lebkuecha 30
Sprengerle 31
Dr Christstolla 32
Supermarkt-Weihnachta 33
Weihnachtszeit 34
Stille Zeit 36
Dr Christbom 38
D'Ahna 40
O du fröhliche 41
O Tannenbaum 42
In dulci jubilo 44
Ihr Kinderlein kommet 45
Thomas-Dag 46
D'Mueter am Heiliga Obed 47
A schöne Bescherong 48

Heiliger Obed 49
E' dr Heiliga Nacht 50
Weihnachtsmorga 52
Noch Weihnachta 53
Älles isch rom 54
Johannes-Wei' 55
Theaterspiel 56
Neujohrwünsch 58
Vorsätz 59
D'Bescherong 60
Dr Weihnachts-Hänfling 67

Nachwort 75
Biographische Notizen 77

Wenter

Neamerd hot en haira komma
ond ao neamerd hot en gseh:
über d'Nacht send zmols dia Wiesa
glitzig weiß ond nemme grea.

Ond 's Kamee hot jetzt a Käpple,
vor em Haus send Katzadäpple
neidruckt en den tiefa Schnai.
Dr Kirchturm hot en weißa Kraga,
Zau'latta dend a Häuble traga,
ond d'Miste sieht mr neana maih[1].

Beim Epfelbom e's Nochbers Garta
deand jetzet meine Vögel warta,
für sie konnt jetzt a baise Zeit.
Ond eisa alter Katzarälle
schleicht leisle schao dur's henter Ställe
ond gucket, ob's koin Brota geit.

---

[1] nirgends mehr

Jetzt isches Wenter auf dr Welt,
ganz zmols isch 'r halt komma
ond hot de Baura d'Arbet schnell
aus müede Hända gnomma.

Am Fueterplatz

Em Hennagarta
hot dr Vaddr
en Platz ausgfirbt[1)]
ond Gsäms[2)] neikeit.
Ond schao send d' Vögel komma
scharaweis:
Lemeritza[3)] ond Grealeng[4)]
Buechfenka ond Spatza.
A Goll[5)]
hocket auf dr Heck
ond streckt ihren raota Bauch
rom zom Fueterplatz.
A Nagelhex[6)] wartet
em Bierabom.
En Flug Distelvögel
zieht vrbei.
En Jäk[7)]
schuckt auf da Holderbom zue
ond brengt de ganz Gsellschaft
duranand.

[1)] gefegt
[2)] Unkrautsamen
[3)] Goldammer
[4)] Grünfink
[5)] Dompfaff
[6)] Elster
[7)] Eichelhäher

Aber
se merket bald:
Der hot ao bloß Honger.
Ond
weil ao sie Honger haod,
seahnd se's Häbschtle[8]
auf dr Oich det deanna[9]
halt it.

---

[8] Sperber
[9] dort

Dr Schnailuft

Jetzt konnt 'r
da Saubühl ra,
dr Schnailuft,
ond huiglet ond wehet
dur's Ort.
Mr sieht bigott
nemme zom Nochber nom.
D'Mistene staod do
wia d'Schnaiberg.
D'Arbet isch zuadeckt
ond dr Gruscht
henterm Schopf ao.
Gottlob,
jetzt braucht ma wenigstens
nemme aufroma.

D'Schleifete

Vom Kauflada
bis na zur Schuel
hao mr a Schleifete!
Dreimol drillet's oin,
bis ma donna isch.
Ond no
wäscht's oin nei
e's Schnairueder,
daß ma drüber nomburzlet
grad auf da Schuelhof.

Dr Lehrer
gucket zue
ond machet Auga.
Sonst kan 'r älles,
aber schleifa,
des ka 'r halt it!

Metzga

Wo's daget hot,
isch d'Sau schao
am Scheurator ghanget,
weiß, wia frisch badet.
Ond a raots Bächle
isch über da Hof
ra'gloffa e' d'Kandel.
Dr Vaddr hot's
wichtig ghett,
ond dr Metzger
hot sei graoß Messer
über da Stahl zoga,
herwärts
bis bhäb vor sein
lenka Dauma.
Dämpft hot's em Kessel
ond gsotta
ond gschmeckt.
Ond d'Katza
send romgstrialet,
ond d'Mueter
isch gscholta wora,
ond dr Metzger
hot ällweil wieder gwetzt,
ond dr Vaddr
hot en Schnaps braucht...
bis endlich na
d'Leberwürscht
em Straohsieb glega send

ond's Floisch e'r Gölta[1]...
ond d'Leit am Tisch ghocket send
ond d'Mäuler noh ärger
glitzt haod wia d'Auga.
Ond i hao
en Pfarrhof nom müeßa
mit dr Metzgersuppa...,
grad wo's dr Vaddr
it gseha hot.
Wia äll Johr...

---

[1] Holzzuber

D'Bettfläscha

Wenn se em Ofaröhrle
danzet hot
ond ghopset isch
ond Schucker dao hot,
noh isch se hoiß gsei,
d'Bettfläscha.
Hofele[1]
hot d'Mueter
da Deckel draufdrillet
ond hot gsait:
„Ab drmit!"
E' mei Bett
isch se z'aischt komma;
ond noh hot mr se
e's Vaddrs gleit.
Bloß d'Mueter,
sie hot se ällaweil,
airscht kriagt,
wo se bloß noh
lau gsei isch.

---

[1] sachte

Dr alt Ofa

Fufzg Johr älter als dr Ähne,
klotzig, schwarz ond gro,
stoht em Stuba-Eck dohenda
eisa alter Ofa do.

Ällaweil vom gleicha Plätzle
gucket 'r e' d'Stuba nei,
Johr für Johr,
ond gwärmt em Kätzle
ond lot's denna gmüetlich sei.

Er isch's ao, wo's Ähnes Buckel
gruaba lot – ond auso guet –
eisem kleina Mammasuckel
's Bettle wieder trickna duet.

Lot em Röhrle Epfel juzga
e' dr kalta Wenterzeit
ond ällbott en Brota pfuzga,
wenn's am Sonntig grad oin geit.

Manchmol hot 'r jo sei Dägle,
raucht wia närrsch ond goht it a'.
D'Ahna griegt schiergar a Schlägle,
denn sie sitzt ao bhäb dra da.

Fufzg Johr älter als dr Ähne...
Kender, gucket en ao a!
Johr für Johr hot 'r bloß Guets dao
ond wird's doa, so lang 'r ka.

Brotepfel

Em Ofaröhrle
danzet Epfel
ond fanget a' jucka
ond pfuzga.
Wemmr's it omdrehat,
hilft aber
älls Danza nix.
Se werret schwarz
wia Neger.

Guck,
dr oi bloteret schao!
Raus mit 'm!
Aber
vrbrenn dr
d'Fenger ond 's Maul it!
'S wär schad,
grad e' dera Zeit!

Ofaklötz

Äll Morga
brengt dr Vaddr
Ofaklötz vom Schopf rei,
Kerle,
daß dr Ofa
vrschrecka könnt!
Aber
's Ofaloch isch größer!
D'Häfner früher
haod halt ao ebbes
denkt.

Dr Vaddr keit's nei,
dia Rugla,
dia Stompa
ond Tremmer.
Em Ofaloch denna
brennt's wia e'r Höll!
'S Türle knackset,
ond 's Rohr
glostet gaoh glei voll.

Jetzt isches guet,
jetzt wird dr Kachelofa
nemme kalt
bis noh da Feitig!
Ond schöne Feitig geit's.
Ofaklötz haod mr
nämlich gnueg.
Gottlob!

Brötle

Wenn's früeh schao nachtet duß ond schneit,
no isches wieder mol so weit!
Drhoim, do goht's jetzt an a bacha,
a lauter guete Sacha macha.

Ond d'Mueter schwitzt ond rührt ond knitt
ond wellet auf em Nudlabritt,
se zuckeret ond salzt ond schmiert
ond schätteret ond staibt ond schürt,
duet do ei'fetta, det romkratza
ond schiebt a Blech voll Schweizerbatza
en Ofa nei, macht 's Türle zue.
So, dia haod jetzt a Weile Ruah!

Doch schao goht's weiter: Oier fahret
e' d'Schüßla nei, a' nix wird gsparet.
Se wellet wieder ond sticht aus,
noch Brötle schmeckt schao 's ganze Haus.
'S duet brutzla ond duet brentela,
jetzt brengt se ao noh Hentela[1)]
ond streicht des Gsälz auf Brötle
ond schmiert noh mit Schoklädle
em Klosama sei Kappa ei,
ond schao fährt 's Blech en Ofa nei.

[1)] Himbeeren

Em Röhrle pfuzget's, raicht's ond dämpft's
ond brentelet's ond lauft's ond stenkt's!
Ao suscht isch jetzt oi Gschur em Haus:
's goht nei e' d'Kuche..., wieder naus,
e' d'Kammer hendere, en Kär...,
auf d'Bühne, so goht's hin ond her.
Koi Plätzle findst em ganza Haus,
aus jedem Zimmer mueßt jetzt naus
übrall staod Brötle rom ond Kuecha,
koin Stuehl findst maih, magst noh so suecha.

Em Stüble duß, auf 's Ähnes Bett
ond ao auf 's Ahnes hot's noh ghett:
Haferflockabrötle, Sterna,
Lebkuecha mit viel Nussakerna,
Spitzbueba ond ao Sprengerle,
Nußbrötle, kloine Engele,
Klosamanna, Vögele,
Schweizerbatza, Kegele,
Kokoshäufle, Mond ond Sonna,
ällz findst e's Ähnes Kammer donna!

Dia Kender, dia vrzwatzlet schier
ond blinzlet nei zu 'r Kammertür,
doch geit's vorerst halt zom Probiera
bloß a vrbrennts vom starka Schüra.

Spura

Om Weihnachta rom
hot dr Vaddr ällaweil
maih gseh
wia Anderleit.
„Guck", hot 'r zu mir
saga könna,
„guck,
dr Has isch wieder
em Rosaköhl gsei,
ond do isch
a Wiesele
durch da Zau' gschlupft.
Do isch dr Marder
durch 's Katzaloch gspronga
am Scheuregiebel.
Vom Bach her
isch dr Fuchs gstrialet
ond hot
am Hennastall romgschmeckt.
Ond do...,
i hao mr's glei denkt,
do isch dr Waldhüeter
gschiaket
mit seina graoßa Tretter.
Ihr Tierle,
geand acht!"

Dr Santeklos

Hairsch, bei's Nochbers Haus duet's schella!
„Mamma, komm, hock zue mr her!"
Jetzet fangt dr Hond a bella,
a' dr Haustür bocklet's schwer.

Ond schao stoht 'r e' dr Stuba!
'S Liesabethle, bloich vor Schrecka,
betet ond bleibt doch vor Angst
noch em Vaddronser stecka.

Doch dr Santeklos hilft weiter,
leert druf na sei Säckle aus:
Nussa, Epfel, Weißbrotmanna
ond a Kappa burzlet raus,

Brötle ond a Doggababel,
Nußschoklad, vo sellem gueta,
Stondaschlotzer, Hexahäusle
... ond a Buschel Rueta.

„Liesabethle, bleib noh brav,
ond bet gern zom liaba Gott",
sait dr Klos ond nemmt sein Sack
ond goht jetzet wieder fott.

'S Liesabethle schnaufet auf!
Oibes bloß begreift's no it ganz,
nämlich daß dr Santeklos
grad so schwätzt wia 's Basches Franz.

Om Weihnachta rom

'S isch ällaweil gleich gsei
om Weihnachta rom:
Am a Obed
hot's a'fanga schneia,
ond noh hot's durchgschneit
de ganz Nacht,
gschneit,
was hot ra'möga.

'S Ort hot se duckt,
d'Häuser send
kleiner wora,
ond d'Liachter haod
durch d'Fenster
nausblenzlat
e' da Schnai.

Vo dr Kirch
hot's bloß noh
halba so laut gschlaga,
ond's hot klonga,
wia wenn se
viel weiter weg wär.

Ond doch
isch älles so noh gsei,
mr hot gmoint,
mr könn's greifa.
Mr hot's gseha
ond ghairt
ond gspürt:
Jetzt goht's
Weihnachta zue!

Hutzlabrot

„Mueter,
jetzt sottescht aber
's Hutzlabrot bacha!",
sait dr Vaddr.

Ond d'Mueter fangt a'.
'S konnt älles nei,
was dr Obstgarta
henter dr Scheuer
hergeah hot:
Epfel,
Biera,
Zwegschga.
Bloß Zibeba
hot se em Lada kauft.

D'Mueter wiegt a',
woicht ei
ond fangt a' kneta.

Dr Vaddr
hocket drnebet da
wia a Hondle
ond gucket nei e' d'Muet[1],
ob ao älles
recht wird.
Noh fährt 'r da Doig
mit em Wägele e's Bachhaus,
ond zu dr Becke sait 'r:
„Jetzt leit's a dir!"

---

[1] Hölzerner Teigtrog

Lebkuecha

„Mueter,
d'Lebkucha,
dia brengst halt na!"
hot dr Vaddr
äll Johr gsait.

D'Mueter
hot sich nix ei'bildt,
nia,
aber wenn se
dr Vaddr globt hot,
hot's ihra halt doch
guet dao,
mr hot's wohl gmerkt.

Sprengerle

„Jetzt haod se schao wieder
koine Füeßle kriegt,
meine Sprengerle!
Ausanandergloffa
send dia Kerle
wia vorigs Johr ao!
I möcht bloß wissa, worom!"
Maih sait d'Mueter it.
Se gucket's bloß
vo'r Seita a'
ond denkt:
„Wenn se 's nächst Johr
ao wieder vrgrotet,
noh probiere's bloß
noh oi mol."
I aber
woiß gwieß:
Bis 's nächst Johr
om Weihnachta rom
hot se des wieder
vrgessa.

Dr Christstolla

Äll Johr
hot d'Mueter
en Christstolla bacha,
ond äll Johr
hot s'en aloi
müeßa essa.
Grausig globt
hot se ihren Stolla
ond zom Vaddr gsait,
er wiß it,
was guet sei.

Dr Vaddr aber
hot bloß glachet
ond hot zfrieda
e' sein Lebkuecha
neibissa.
Den hot 'r halt möga
ond kennt,
ond was 'r
it kennt hot,
des hot 'r ao it möga.
Worom soll des
a Weihnachta anderst sei
als 's Johr durch?

Supermarkt-Weihnachta

„Stille Nacht, heilige Nacht"
aus em Kässtand.
„O du fröhliche"
e' dr Omkleidekabine.
„Süßer die Glocken"
zwischet de Rollmöps.
„Leise rieselt der Schnee"
e' dr Dama-Abteilong.
„Zu Bethlehem geboren"
em Kosmetiksalon.
„In dulci jubilo"
aus dr Frischwurst...,
ond aus em Autozubehör
jublet Engelchör:
„Fröhliche Weihnacht
überall...!"

Weihnachtszeit

Vier Monet Nikoläus,
drei Monet Lebkuecha,
zwe Monet
Früchtebrot ond
Spekulatius,
oin Monet Advent
ond
oin Dag
Weihnachta...,
eigentlich bloß
a Stond Weihnachta.
Ond
wemmer's gnau nemmt
bloß dreiviertel...,
de letzt Viertelstond
isch schao Silvester.

Stille Zeit

Aufwacha
aufstaoh
aufschreiba
aufpassa
aufbrecha
fortlaufa
fortsprenga
fortfahra...
ond noh
ei'kaufa
ei'packa
ei'lada
ei'steiga...,
ond noh
abfahra
zuefahra
hoimfahra
aussteiga
ausleera
auspacka
ond noh
auswella
ausstecha
ei'streicha
ei'fülla
ei'schalta
ei'schießa

ond noh wieder
rauszieha
rausdoa
vrsuecha
vrpacka
vrschoppa
vrschenka
jetzt aber
a'zünda
a'brenna
sprenga
senga
gfalla
grausig gfalla
… omgfalla.

Dr Christbom

Auf oimol
a'ma schöna Morga
hot's em Haus
nach Tannareis gschmeckt...
Ond wo-n-e
e' d'Wäschkuche na'komma be,
isch a Weißtann
em Eck gloinet.
I hao ällamol
nia gwißt,
worom dr Vaddr da Christbom
ällaweil gholet hot,
vor's Dag gsei isch.
„'S hot's neamerd seah müeßa",
hot d'Mueter bloß gsait...,
ond d'Mueter hot
ällaweil recht ghett.

Jetzt stoht dr Bom
e'r Stuba.
Farbige Kugla hanget dra,
goldige Sterna ond Silberfäda
glitzet e' de Äst,
ond schnaiweiße Kerza
staod e' de Hälterle.
I glaub,
dr Bom merkt's,
daß er dr schönst isch
e'r Nochberschaft.
Ond
ging 'r it schao
bis a d'Decke,
'r dät se strecka
bis nauf.

D'Ahna

Weil dr Christbom
e's Stuba-Eck nei mueß,
mueß d'Ahna
mit ihrem Sessel
raus aus em Eck.
Früher
isch se do ghocket,
wo jetzt
dr Farbfernseher stoht.
Aber
jetzt mueß d'Ahna halt weg!
Mit dr Ahna ka mr
am besta romfahra.
Dia braucht
koi Antenne
ond koi Kabel,
dia braucht
überhaupt koin A'schluß.

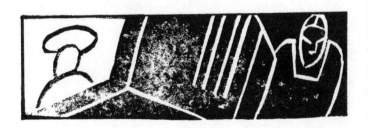

O du fröhliche

O du fröhliche,
o du selige,
o du...
o
laß me gaoh!
D'Welt goht
da Bach na,
aber oinaweg
fraiet sich älle!

O Christenheit.

O Tannenbaum

O Tannenbaum, o Tannenbaum,
wia krank send deine Blätter.
Du stirbst it bloß e'r Sommerzeit,
noi, ao em Wenter, wenn's
duß schneit.
O Tannenbaum, o Tannenbaum,
wia krank send deine Blätter.

O Dannabom, o Dannabom,
du bist bais e' dr Klemme...!
En weitra Vers
geit's nemme.

In dulci jubilo

„In dulci jubilo",
stereo ond video!
'S isch a Fraid
ond isch a Wonne,
essa deand mr e' dr „Sonne",
guat ond viel, oho,
des isch 's A ond 's O.

„O Jesu parvule",
vor Omtrieb send mr he!
'S goht auf's Herz
ond's goht auf's Gmüet.
Auf goht's!
Wer isch do noh müed?
Mueter,
mach Kaffee!
In dulci jubile...

„Ubi sunt gaudia"!
Se brechet schiergar a.
'S isch a Fraid
ond isch a Wonne,
nomol gaohd mr nom e' d'„Sonne"...
ond senget ond send froh,
jetzt isch halt wieder so:
„In dulci jubilo!"

Ihr Kinderlein kommet

Jetzt noh kois,
vielleicht später amol
ois,
oder ao kois,
höchstens aber ois!

Guck naus,
wia's schneit!
'S isch Weihnachta heit!
Senget mr ois...
oder kois?
Bitte, Ma,
fang du doch a'!
Do hot 'r brommet:
„Ihr Kinderlein kommet!"

Thomas-Dag

Am Thomas-Dag
sei de längst Nacht
vom ganza Johr.
Duschterer werd's nemme,
sait dr Lehrer.

Jetzt wonderet's me it,
daß dr Apostel
it traut hot
ond älles mit da Händ
hot greifa wölla.

D'Mueter am Heiliga Obed

Am Morga:

Kaffeebrot bacha,
Päckle macha,
en's Ort neilaufa;
Nomol ei'kaufa,
Gschenker vrschoppa,
d'Mäuler stopfa,
d'Ahna vrsorga,
selber 's Essa na'worga.

Am Mittag:

Dr Vaddr nausjaga,
de Kender nix saga,
Sahne rühra,
de letzt Torte vrziera,
Nussa draufreiba,
Zettele schreiba,
ge beichta sprenga...
ond am Obed....
strahla
ond senga!

A schöne Bescherong

'S Notwendige kauft mr
ond 's O'nötige schenkt mr:
Für de Kleina ebbes Graoßes,
ond für de Graoße ebbes Klei's.

Weil aber
de Kleina älles Graoße haod
Ond de Graoßa älles Kleine,
beschert mr jedem ebbes,
was koiner braucht,
de Kleina it
ond
de Graoßa it:
Ebbes zom Aufstella,
zom Neistella,
zom Wegstella,
zom Vrstauba,
zom Abstauba,
zom He'macha,
zom Wegschmeißa,
zom Wiedervrschenka,
halt oifach ebbes!
Saget doch selber:
A Heiliger Obed
ohne Bescherong,
des wär
a schöne Bescherong!

Heiliger Obed

Fichtanodelbad,
siebnadreißig Grad.
Siebnavierzig elf,
Honger wia d'Wölf,
Durst wia en Fisch,
Kerza auf em Tisch!
Jubelschall,
Bleikristall,
Porzellan,
Chromargan,
Marzipan,
Karajan!
Läuterei,
Springerei,
Singerei:
Stille Nacht,
heilige Nacht...
Gottes Sohn,
o wie lacht...!

E' dr Heiliga Nacht

Ällaweil
e' dr heiliga Nacht
isch dr Ähne
naus en Stall.
Ond am Weihnachtsmorga
hot 'r gsait,
er häb de letzt Nacht
mit de Küeh gschwätzt
ond mit de Roß.
Ond dr Schimmel häb gsait,
's nächst Johr
könn mr det deanna[1)] am Bach
wieder a Fülle
aus dr Gompa[2)] zieha.
Gottlob
hot's dr Schimmel gsait!
I hao nämlich
schao amol ghairt,
's sei ois
da Bach na.

[1)] dort
[2)] Tiefe Stelle im Bach

Weihnachtsmorga

Haired 'r 's?
Mr läutet d'Schrecke![1)]
E' de Häuser wird's hell.
D'Leit staod auf,
kommet ra e' d'Stuba
ond betet für dia,
wo nemme
e' d'Stuba rakomma könnet,
nia maih...!

Noh goht's e' d'Kirch.
Nacht isches,
ond nemerd schwätzt
a Wort.
Aischt wenn e'r Kirch
älle Liachter brennet,
noh schnaufet jeder auf:
Jetzt isch Weihnachta!

[1)] Einläuten der Weihnacht

Noch Weihnachta

D'Päckle leer,
dr Christbom leer,
d'Kirch leer,
d'Läda leer,
dr Geldbeutel leer,
d'Auga leer,
dr Kopf leer...,
d'Mülleimer voll!

Älles isch rom

Ausschlofa,
liega bleiba,
älles liega lao,
nemme springa,
nemme singa,
nix maih essa,
nemme trinka.

Koi Läuta,
koi Kirch,
koin Verei',
koin Stammtisch,
koi Kegla.

Liaber Gott,
ben-i he!
Jetzt aber,
noh Weihnachta,
jetzt wird's schee!

Johannes-Wei'

Am Dag noh de Feitig,
an Johanne,
wird Wei' gweiht e'r Kirch.

D'Ahna
hot ällaweil da Pfropfa
aus dr Flascha dao,
daß dr Sega ao gwieß neikomma isch.

Theaterspiel

Beim
„Raubmord an der
roten Buche",
Leit,
do isches zueganga!
D'Bärt
haod se nausgstellt
ond Gsiechter gschnitta...
ond dogstanda send se
ond d'Messer zoga haod se
ond gschria...,
gschria, daß sich älle
duckt haod em „Rößle"-Saal.
Dia Weiber
haod nasse Händ kriegt,
haod zitteret
ond e's viel z'klei
Sacktüechle neigschnitza,
ganz wässrig,
bis ihna noh
's graoß Heula komma isch.

Aber
schö isches gsei,
älle haod's nochher gsait,
grausig schö!
Jo,
's wär halt it Weihnächta gsei
ohne a Theaterspiel.

Neujohrwünsch

I wünsch
viel Glück
zom neua Johr,
älla,
wo me möget,
mei'ra ganza Familie
ond
dr halba Vrwandtschaft.

Vorsätz

An Neujohr:	I soll, i mueß, i will!
An dr Fasnet:	I sott, i müßt, i wött!
Em Urlaub:	Wenn-e noh ao sott, wenn-e noh ao müeßt, wenn-e noh ao wött!
An Weihnachta:	I hett solla, i hett müeßa, i hao jo wölla.

                    Gottlob,
                    e' acht Dag isch
                    wieder Neujohr,
                    aber no
                    wird's wohr!

D'Bescherong

Was wär ao dr Heilig Obed ohne Bescherong! It amol en halba Heiliger Obed wär des. Wenn boides aber beinander isch, noh isches richtig Weihnachta.

I hao em Jonga des Johr a Dampfmaschin' kauft ond seira Mueter a Fernsehtischle. Des hoißt, eigentlich kriegt se ihr alts Nähtischle wieder gschenkt, auf dem bisher dr Fernseher gstanda isch. Wo mr den vor etlich Johr kauft hot, hot's nämlich zu ma Tischle nemme glanget.

Ond se hot sich mächtig gfrait über ihr alts neus Tischle, ond dr Jong hat sei Dampfmaschin' en Schwong brocht..., ond i, i hao a weng vrlega mei elektrische Heimwerkersäga a'gucket, dia für mi onterm Christbom glega isch.

Wia se wohl auf dia Idee komma send? Was soll i denn jetzt gschwend a'fanga mit dera Säga! A Hemmet hett mr a'zieha könna, mit 'ra Krawatt vor da Spiagel staoh..., aber säga, säga ka mr doch it am Heiliga Obed!

Em Jonga sei Mueter mueß ebbes gmerkt hao, weil se mi zmols so komisch a'gucket ond noh gfroget hot, ob i denn koi Fraid häb a meim Gschenk.

Freile häb-e a Fraid, sag-e.

Se häb sich eba denkt, weil-e jo bis jetzt ällaweil häb da Nochber braucht, wenn a Brettle oder en Besastiel z'lang gsei sei...

Ach so...!

Des hett se jetzt it saga braucha, grad heit am Heiliga Obed!

'S Brettleabsäga isch jo ao it mei Job. I sitz an 'ra Schreibmaschin'! Ond wenn mr zwoimol em Johr en

Besastiel kürzer macha oder oi Brettle absäga mueß, ob's do drzue a elektische Heimwerkersäga braucht, des derf mr sich schao froga.

Aber über des debattiert mr jo am Heiliga Obed it. Mit Fleiß it! An dem Obed schwätzt mr mitnander..., oder täusch i mi vielleicht?

Do hot doch dr Jong zmols müeßa da Fernseher ei'schalta, weil sei Mueter hot o'bedingt wölla d'Sängerknaba seha ond haira. I hao gsait, i häb jo denkt, heit obed bleib dia Kista donkel, aber em Jonga sei Mueter hot drauf na erklärt, wer bei eis am Heiliga Obed wohl senga dät, wenn it d'Sängerknaba em Fernseher!

Dr Jong hot nadierlich schao auf da Knopf druckt ghett ond hot no auf oimol gsait: „Bappa, des Fernsehtischle gampet."

'S Drai'schwätza hot 'r von sei'ra Mueter!

„Noh lot mr 's eba gampa. Dr Boda wiat it eba sei!"

„Aber d'Fernseher sottet it wackla", hot schnell sei Mueter gmoint, suscht sei d'Bildröhr he. Do müeß glei ebbes gscheha.

Gottlob haod e' dem Augablick d'Sängerknaba a'fanga senga.

„So schö senget se bloß am Heiliga Obed", hot jetzt d'Mueter gstrahlt. „Ond wia nett se aussehet!" Ganz vrklärt hot se gucket.

I ka jo nix drfür, daß i it so schön senga ka wia en Sängerknab ond ao it so schö be wia oiner..., ond daß i am Heiliga Obed gleich aussieh wia am Pfingstsamstig oder am Kirbeme'tig, do drfür ka i ao nix.

Wo dr Jong noh da Fernseher wieder ausgschalta hot, noh hao-n-e selber gseha: Des Tischle gampet tatsächlich!

Entweder isches dr Fueßboda oder isches en Tischfueß.

„Mr müeßt halt glei drnoch gucka", hot sei Mueter gmoint.

Guet, noh gucket mr halt! Ond's ist dr Fueß gsei.

I be aufgstanda ond hao wölla nach 'ra Onterlag gucka, do sait sie, Tischfüeß onterleg mr it, Tischfüeß säg mr ab... ond hot triumphierend auf ihra Heimwerkersäga gucket, dia jo seit 'ra Stond mei Heimwerkersäga gsei isch.

I brauch jetz jo nemme zom Nochber, moint se, i könn jetzt selber säga!

Hot je en Mensch am Heiliga Obed e' dr Weihnachtsstuba schao amol Tischfüeß abgsäget?

Morga om zwölfe müeß 'r eba ond sicher staoh, dr Fernseher. Do gäb nämlich dr Papst da Sega, ond da Weihnachtssega vom Heiliga Vaddr, den laß sie it naus.

I woiß, dia lot nia nix naus! Ond i merk ao, wo des naus soll. Nadierlich! I soll jetzt oifach säga, säga om alles e' dr Welt! Trauet dia mir dia elektrisch Säga am End gar it zue? Dia werret sich vrgucka!

Am Heiliga Weihnachtsmorga noch dr Kirch hao-n-e em Wohnzimmer kurza Prozeß gmachet. I be jo selber gottsallmächtig vrschrocka, wo mei Heimwerkersäga nauspfiffa hot wia zeah Dampfmaschina. Dr Jong isch rei'gsauet komma, ond sei Mueter hot onter dr Kuchetür en Schroi a'glao..., ond i..., i hao se naglao, mei Säga, na a' den Tischfueß.

Eigentlich hot's mr se maih na'gnomma, als i sie hao wölla na'lao a' den Tischfueß. Aber mit oim Ratsch isch der Fueß kürzer gsei. Des hot's noh grad ghett. Also haua duet se, des mueß ma saga!

So!

Jetzt hao i triumphiera könna. Mit dem hoad dia boide nadierlich it grechnet. I hao weiter nix gsait, hao 's Tischle wieder a da Platz gstellt ond da Fernseher drauf.

On noh hot mr g'essa, weil jo om zwölfe dr Heilige Vaddr...

„Jonger, schalt ao ei'", hot e' dem Augablick sei Mueter gsait, ond dr Jong hot amol wieder sei'ra Lieblingsbeschäftigung nachgaoh derfa ond hot auf da Knopf druckt.

„Bappa, jetzt gampet des Tischle noh ärger wia gestern!"

Nix a'merka lao...! Der Kerle will mi bloß provoziera...

Gottseidank isch e' dem Augablick dr Papst auf em Bildschirm erschiena..., ond i hao mei Rueh ghett.

Wo dr Sega rom gsei isch, hot sei Mueter ausgschalta ond gmoint, jetzt sei's aber ganz o'möglich mit dem Tischle. Dia Gamperei könn mr wirklich it lao. Der oine Fueß sei doch viel z'kurz, des seh jo a Blinder.

Jetzt ben-e narret wora! I hao-m-e zwar beherrscht, aber doch ganz laut gsait, 's könn ao sei, daß de andra drei z'lang seied.

Des spiel älles koi Roll, mr häb jetzt jo a Säga, hot se gmaulet.

I laß me it drausbrenga! Aber wo se noh gsait hot, ob wohl dr Heilig Josef als Zimmerma en Nazareth ao so gampige Tischle gmachet häb, do isch mr dr Gaul durch.

I sei koi Zimmerma ond koi Schreiner, hao-n-e gschria. Ond auf jeda Fall häb dr Josef sell mol langsamere Säga ghett, als sie mir oine kauft häb!

I hao's nadierlich schao beim Absäga gmerkt ghett, daß mir's a paar Millimeter z'viel weggenomma hot. Aber mir jetzt mit em Heiliga Josef komma, des isch o'fair!

Worom isch dr Heilig Josef ausgrechnet Zimmerma gsei? Der hett ao Schmied oder Schneider sei könna. Jawohl, Schneider! Do hett-e sie vielleicht drakriega könna! Aber noi, er hot müeßa Zimmerma sei, en Holzwurm...! Josef, der Säger! Ond den hebt mr mir jetzt na, den guetmüetiga, gschickta Zimmerma. Vo jetzt a hao-n-e zwe Gegner ghett, mei Säga ond da Heiliga Josef.

Aber dr Mensch hot jo ao sein Stolz! Ond drom ben-e noch em päpstlicha Sega mit mei'ra Säga ond mit em Tischle naus e' d'Garage. Mit em Meterstab hao-n-e Moß gnomma, hao dia drei z'langa Tischfüeß mit em kürzera

Fueß auf de gleich Länge brocht..., ond no ben-e e's „Rößle".

Am Obed isch mr wieder e' dr Stuba ghocket. I hao nemme Tischle gsait. Em Jonga sei Mueter hot aber gmoit, mr könn heit obed em Fernseha a Oper seha, 's komm nämlich „Zar und Zimmermann".

Zimmermann! I hao me mit äller Gwalt auf em Stuehl heba müeßa! Wieviel Zimmermanna brengt des Weib an dene Weihnachta eigentlich no drher? Am Mittag haon-e nadierlich schao gmerkt, daß der Fernseher ällaweil no it eba stoht. Des Sägablatt mueß für dia Füeß z'grob sei. Gmessa hao-n-e nämlich gnau. Aber bei dem Blatt haut's jo glei ganze Fetza weg.

Wo dr Jong ei'gschalta hot, haod boide bloß noh glachet.

Jetzt aber isch mir dr Kraga platzt. A Säga aloi där's nämlich it! Wenn mr ebbes absäga wöll, noh müeßt mr's ao ei'spanna könna en'n Hobelbank oder mit'ra Schraubzwinga festklemma. De oigna Knie langet do halt it..., ond wenn dr Josef koi Hobelbank ghett hett, noh hettet e' ganz Nazareth sämtliche Tisch gwacklet, sell wiss-e gwieß!

Am andra Dag hao-n-e älles nomol gmachet. Gmessa, gsäget, gmessa, gsäget...! I hao me ganz neigstoigeret. Ond auf oimol isch mr's gar nemme drauf a'komma!

Säga! Säga! Ällaweil säga...!

Noch ema Weile hot ma des Tischle bloß noh als Fueßschemele nemma könna..., aber gampet hot's ällaweil noh.

Ond noh isches über me komma. I krieg airscht Rueh, wenn des Tischle, des glompet, überhaupt koine Füeß maih hot!

Zu was braucht des überhaupt Holzfüeß!

Ond no hot's des ghett om's Nomgucka.

Ratsch..., ratsch, ratsch... ond nomal ratsch..., ond i hao bloß noh a Tischplatte ghett.

Am andra Dag hao-n-e em Hobby-Heimwerkermarkt vier Metallfüeß kauft zom an die Tischplatte na'schrauba.

So! Worom denn it glei!

Bei Metallfüeß ka mr koiner maih komma mit 'ra Holzsäga, it amol mit 'ra elektrischa! Dr Jong it, sei Mueter it, ond dr Josef glei gar it, der heilig Säger ond Zimmerma!

Jetzt hao i triumphiert! Ond wo des Tischle ao mit da Metallfüeß gampet hot, ben-e ganz ruhig en meim Sessel hocka blieba... ond hao's gampa lao.

Em Jonga sei Mueter hot gar nix gsait. Sie isch aufgstanda, isch glei drauf mit ema Stückle Filz reikomma ond hot eigahändig oin Fueß onterlegt. Drauf na hot se am Tischle g'rottlet, ond wo's nemme gampet hot, isch se wieder auf ihren Sessel na'ghocket.

Ganz zuefällig haod mr e dem Augablick äll anander a'gucket, z'airscht a bißle glachet... ond na ällaweil lauter glachet, hoad nemme Tischle gsait, bloß noh glachet hoad mr.

Ond des Lacha isch na wohl de schönst Bescherong gsei für älle, ao wenn se des Johr airscht a paar Däg noch em Heiliga Obed stattgfonda hot.

Dr Weihnachts-Hänfling

Mr duet älles für seine Kender. Mr erzieht's vom Morga bis am Obed. Do isch oim wirklich nix z'viel.

Bsonders a soziale Gsennong soll mr a se na'zieha. Ond auf a ganz natürliche Art soll mr des doa. D'Pädagoga saget, a hilfloses Gschöpf zom Beispiel breng des besser fertig als a Dutzet autoritäre Vädder.

Ond drom hao-n-e eiserm Jonga des Johr zu Weihnachta a Vögele kauft. Koi Zoo-Mischong aus ema asiatischa Sumpf-Fink ond ema afrikanischa Dschungel-Spatz, noi, en ganz oifacha heimischa Sänger hao-n-e kauft, en Hänfling. Ond den Hänfling soll 'r en Zukunft betreua, er ganz aloi.

Der Bue hot am Heiliga Obed Auga na'gmachet wia a vrschrockes Engele, wo er des Riesapaket auf em Gabetisch gseah hot. Ond wia i hao d'Kerza wölla a'brenna am Christbom, isch 'r auf das Paket los, hot 's Papier weggrissa..., hot en Fraidaschroi nausglao... ond da Vogel scheints ao; denn der isch en dem Augablick wia wild e' dr Stuba romgschossa.

„Kerle, hoscht denn it aufpassa könna!"

Jetzt hot em Jonga sei Mueter ao en Schroi nausglao, hot d'Händ vor d'Auga ghebt, ond dr Hänfling hot vor Schrecka Zuflucht gsuecht em Christbom.

„Mr soll koi Tierle ei'sperra. Des sei Tierquälerei, hot d'Lehrere gsait", verteidigt sich dr Jong.

Ond weil sei Mueter moint, sie müeß ao ebbes gsait hao, stimmt se dem Kerle zue: „Eigentlich hot se Recht, d'Lehrere...!"

Tsss...!

Tierschutz hin, Tierquälerei her, der Vogel mueß wieder e' da Käfig!

I pirsch me ganz sachte a' da Christbom na.

„Hansele, paß auf, 'r konnt...!" schreit dr Jong.

I laß me it drausbrenga, obwohl i e' dem Augablick am liebsta..., aber noi! Hofele[1] fahr-e mit dr Hand zwischet d'Glaskugla nei. Mei Hand isch bloß noh etlich Zentimeter vom Vogel weg, e' dem Augablick macht der en Hopser ond hocket em nächsta Astkranz a Stockwerk haiher.

„Hansele, laß de it fanga...!"

I laß me it drausbrenga. Am Heiliga Obed kann-e doch it..., aber dia Feierdäg gaod ao rom.

I zieah da Arm aus em Christbom ond fahr weiter oba wieder nei. Dr Hänfling lot me herkomma bis zom Zuepacka. Do..., en Hupfer..., ond schao hocket 'r schräg onna em Bom.

Vo dem Augablick a hao-n-e gewißt, daß mir dr Vogel em Christbom haushaoh überlega isch.

„Bappa, laß en doch hocka! Der Vogel will sei Freiheit."

Freiheit! „Was isch Freiheit für den Vogel? Isch der vielleicht e dr Zoo-Handlong auf ema Epfelbom ghocket oder auf em Balkongländer? Oder isch 'r heit morga, vielleicht auf d' Registrierkass' na'ghocket ond hot auf mit gwartet, bis en i em Zoo-Maier abkauft hao? Noi, noi, dem Vogel sei Freiheit isch dr Käfig gsei seit eh ond je! Dr Käfig...! Ond do konnt 'r ao wieder nei!"

„Aber jetzt hot 'r halt rausderfa aus dem Käfig! I hao dem Vogel d'Freiheit gschenkt zu Weihnachta."

---

[1] sachte

D'Lehrere...! Dia fortschrittlich Lehrere...! I hair se leibhaftig aus em Jonga.

„I brauch en Vorhang! Isch do ebba em Haus en alta Vorhang?"

Em Jonga sei Mueter springt aus dem Sessel auf. Dia ahnt, was i vor hao.

„Du witt doch it etwa en Vorhang über da Christbom schmeißa! Do wäret jo sämtliche Kugla he. I kenn de doch...! Wenn du zuepacksch! Du hoscht jo en Knall!"

Aha..., en Knall hot mr do, wemm'r da Heiliga Obed für d'Familie retta will, den Obed, der jo dr schönste Obed vom ganza Johr sei soll! Und älles vrdanket m'r der Lehrere! Dera wünsch-e heit obed zeah Vögel, ond koin oinziga ema Käfig!

Jetzt komm sei Mueter wieder: „Vielleicht kascht en fanga, wenn 'r schloft...!"

Mhm...! Ganz aogschickt isch dia Idee it...! Heit nacht, Bürschle, heit nacht schnapp i de. Do stört me dr Jong it ond sei Mueter it.

Dr Jong isch vor em Christbom gstanda ond hot da Hänfling a'gucket, ond dr Hänfling hot rausblinzlet aus de Äst. Em Jonga sei Mueter hot mi a'gucket, i hao's wohl gmerkt..., ond i hao en a Loch neigstiert.

Da Christbom hot mr onter dene Omständ nadierlich it a'brena könna..., a's Singa hot ma gar nemme denkt..., ond wo i gsait hao, jetz gang mr e's Bett, isch eiser Heiligobed-Programm rom gsei. Mr haod no eisre Päckle aufgmachet, aber wenn oim do drbei en lebiga Vogel aus em Christbom zuegucket, ka mr ao do it richtig bei dr Sach sei. Om halba neune isches e eiserm Weihnachts-Zimmer donkel gsei.

I aber, i be it en Schlof komma. Om halb oins ben-e

wieder aufgstanda, be nom e's Wohnzimmer mit 'ra Taschalamp henterm Rucka. Langsam ben-e auf da Christbom zue. Vo onna laß i jetzt da Lichtstrahl e da Bom nei, zünd sachte am Stamm nauf..., ond do gucket me oiner a, wia wenn 'r schao lang auf me gwartet hett.

Von wega schlofa! Glockawach isch der Weihnachts-Hänfling ond blinzlet e mei Taschalamp.

Jetzt hao-m-e 's aischt Mol gschämt vor dem Vögele. I merk's, i komm oifach it bei. Des isch gar koi normaler Vogel!

I zünd 'm e' seine Äugle nei..., vielleicht lot 'r sich blenda...

I lange zue. Schwupp..., leicht wia a Federle hupft 'r auf d'Seita.

„Du..., du machst mir dia Feierdäg it he. Jetzt wird dia Sach anderst gmachet. Du konnst e' dei Käfig, ond wenn-e bis heit morga om feife brauch."

Liacht mach-e kois. I stell mei Taschalamp auf da Tisch ond hock na. I mueß denka. En Kirsch dät jetzt ao nix schada. I hol d'Flascha vo dr Vitrine rom ond nemm en Schluck. Ah..., des duet guet! Ond wenn-e e' dr Heiliga Nacht da Christbom a'montiera ond wieder aufmacha mueß..., der Vogel konnt jetzt e' da Käfig. Des ben-e mr selber schuldig.

'S isch nachts halb zwoi. I leg de aischt Kugel auf da Tisch ond gang wieder nom zom Bom...

Batsch...:

I fahr rom ond zünd mit mei'ra Taschalamp. Scherba...! Dia brauch-e nemme vom Boda aufheba.

... E dem Augablick goht d'Tür vom Schlofzimmer auf. Em Jonga sei Mueter stoht wia en Goischt em Türrahma ond ka en Schroi grad noh vrheba. Se faßt sich aber schnell. „Ah, du gohst heimlich an Schnaps en dr Nacht! E'dr Heiliga Nacht sogar! Schäm de no!"

I gang auf se zue, sag koi Wort ond lieg e' mei Bett.

Wia se rei'konnt, sait se: „Oder bist du wega dem Vogel e's Wohnzimmer nom?"

I guck a d'Decke nauf ond sag nomol nix.

'S isch Morga. A strahlender Weihnachtsmorga. Wian-e e's Wohnzimmer komm, hocket dr Jong vor em Christbom ond gucket selig sei Vögele a'. Mi, sein Vaddr, sieht'r z'aischt gar it.

Mhmmm...!

Dr Jong fährt rom: „Bappa, der Vogel mueß jo Honger hao! I stell em's Fuetertrögle e's Kripple nei zue de Schof."

„Vo mir aus! Aber do wirst lang warta könna, bis der Bursche aus em Christbom rausgoht."

Wia mr noh em Weihnachtsgottesdienst d'Stubatür aufmachet, fliegt dr Hänfling vom Kripple auf ond goht em Christbom wieder en Deckong.

Am Weihnachtsmittag isch noh d'Tante Betti komma, wia jedes Jahr. Ond wia jedes Johr sait se: „En schöna Bom haod 'r wieder" ond lauft om da Christbom rom. Sie will nämlich älles gnau seha. Do bleibt se staoh and wird bloich. Hot do it grad . . . ? Do . . . do hot a Christbomkugel da Kopft dreht ond ihra nochgucket. Se lauft wieder a Schrittle weiter nom . . . , ond dr Kopf goht mit.

„Heilige Muetergottes . . . , was isch ao des . . .", konnt's aus ihra raus.

„Betti, des isch bloß . . . , Betti!"

D'Tante Betti ist schao zur Tür duß . . . ond d Stiaga donna . . . ond vor em Haus. Des isch 's oizig Mol gsei, won-e a' dem Weihnachta glachet hao.

Am Obed sait em Jonga sei Mueter, i soll trotz em Vogel d'Christbomkerza a'brenna. Oi Mol müeß mr schließle doch ao singa.

Do aber hot dr Jong pfiffa ond dao! 'S Vögele könn sich vrbrenna a' da Kerza ond des sei Tierquälerei . . . , ond d'Lehrere . . .

Also hot mr's bleiba lao: Ma hot koi Kerz a'brennt ond ao it gsonga. Am zwoita Feierdag isch's ao still blieba bei eis, ond am dritta Dag hot ma d' Stuba schao gar nemme ghoizt.

Do hot dr Jong's Vogelbad e's Kripple gstellt. Schao oin Dag später hot's dr Hänfling a'gnomma ghett ond hot pfluderet wia narret. Der Vogel hot sich bei eis em Wohnzimmer langsam ei'griecht.

'S braucht nemerd wondra, daß bei eis des Johr ao dr Silvester ausgfalla isch. Am Neujohr hot's noh en O'fall geah em Kripple. Dr Weihnachtshänfling hot beim Bada amol wieder so dao, daß en Engel omghaglet isch..., ond der Engel hot em Falla en Hirta gstroift, so daß es den ao omgnomma hot. Dr Übeltäter aber isch en Christbom nei'gschossa, daß äll Glöckla klinglet haod. Aber dr Schrecka isch scheinbar it graoß gsei, denn am andra Dag isch 'r em Heiliga Josef schao wieder auf em Kopf ghocket ond hot em en Klätter auf sei Glatze gsetzt, genau wia auf jede oinzeln Kugel em Christbom ao.

Zwe Däg noh Neujohr hao-n-e dem Spektakel a End gmachet. E'ra halba Stond send d'Kugla vom Christbom honna gsei. Dr Weihnachts-Hänfling hot sei Hops-Spiel weiter trieba wia de letzte Däg, aber mi hot's nemme erschüttert. I hao mit oim Ruck d'Sofadecke über da Bom gworfa, hao-n-en omgrissa, hao da Vogel onter dr Decke griffa..., ond noh isch 'r do gsei, wo-n-r am Heiliga Obed ond über de ganz Zeit neighairt hett, e seim Käfig.

Wo dr Jong vo dr Gaß komma isch ond da Vogel em Käfig gseh hot, sait 'r bloß, er wöll koin Vogel ema Käfig. Ond noh hot'r gschria, er wöll überhaupt koin Vogel. Sei Mueter aber hot gsait, ei'gsperrte Tierle häb sie noh nia seh könna...!

Guet! Des ka ma ändera. I be mit meim Vogelkäfig ond dem Hänfling dren wieder zom Zoo-Maier nom. Dert hot mr da Vogel wieder a'gnomma, des hoißt, i hao-n-en omtauscht gega zwei Tanz-Mäus. Dia hot mr dr Stift en 's Käfig dao, ond i be wieder hoimganga.

Em Wohnzimmer hao des Mol i's Türle aufgmachet am Käfig ond hao's springa lao, dia Tanz-Mäus.

Na hao-n-e da Jonga ond sei Mueter rei'komma hoißa. Do hot der Kerle wieder gschria wia am Spieß ond sei Mueter hot noh ärger dao: „Mäus laß mr it springa, Mäus ghairet ei'gsperrt."

„Guet! No fanget's halt!"

Boide Tanz-Mäus send bereits onterm Büffee vrschwonda gsei, ond do donna send se blieba. Dr Jong hot gsait, wenn se it ei'gsperrt seiet, sei ihm des egal, sei Mueter aber hot a Mausfalla brocht. Noh hot sich auf oimol dr Jong ao wieder intressiert für dia Mäus... „Jetzt müeßet mr ganz still sei, suscht goht koine en dia Falla", sait 'r ond hocket nebet em Tisch auf da Fueßboda na.

I sitz auf en Stuehl na, guck da Jonga, guck sei Mueter ond eisern leera Christbom a'. E dem Augablick fällt mr em Jonga sei Lehrere ei. I komm e's Sinniera über die Pädagogik em allgemeine ond em bsondere. Ond auf oimol ben-e fraoh gsei, daß dr Weihnachts-Hänfling wieder e' dr Zoo-Handlong isch. Jetzt hoff-e bloß, daß dia Tanz-Mäus onderm Büffee bleibet. Da Speck krieget se vo mir.

Nachwort

Man muß seine Hörer und Leser „wunderfitzig" machen, meint der Schriftsteller Richard Stöckle. Daß ihm dies gelingt, beweist das enorme Echo auf seine zahlreichen schwäbischen Mundart-Hörspiele, die über Jahrzehnte hinweg in der „Schwäbischen Stunde" des Südwestfunk-Landesstudios Tübingen gesendet wurden und werden. Immer wieder bitten die Hörerinnen und Hörer um Wiederholungen. Eine noch größere Resonanz finden die Sendungen mit Gedichten und kurzen Prosa-Texten von Richard Stöckle. Man weiß in der Redaktion schon, wenn am Sonntag „d'r Stöckle" in der „Schwäbischen Stunde" läuft, dann klingelt am Montag wieder „non stop" das Telefon. Und tagelang kommen noch Anfragen, ob dies auch als Buch erschienen sei oder ob man „zur Not" eine Kopie des Manuskriptes haben könne. Viele wenden sich auch direkt an den Autor und wenn man die Adresse nicht genau kennt, steht schon mal auf dem Umschlag: „Richard Stöckle, Wurmlingen, Rathaus, bitte weiterleiten".

Apropos: Unser Autor wohnt am Kapellenberg in Wurmlingen, also am Fuße der berühmten Wurmlinger Kapelle.

Wer ein Leben lang als Schulmeister tätig war, kann „aus dr Schuel schwätze" und weiß dann, wovon er spricht. Bekanntlich findet das Leben eines Schulmeisters aber nicht nur im Klassenzimmer und auf dem Schulhof statt, sondern „rond om de Kirchturm", eben im ganz alltäglichen Leben. Er weiß deshalb auch „vo de Tier ond vo de Leit" zu erzählen und eben von der Weihnachts- und Winterszeit.

Jedes Wort, jede Formulierung sitzt, trifft ins Schwarze. Kein Wort zuviel, keine Geschwätzigkeit. Holzschnitten gleich wird die Welt skizziert. Keine fernen Welten werden vorgestellt, sondern unsere überschaubare Welt, die alltägliche, die uns betrifft.

Und trotz der kalten Jahreszeit, über die der Autor schreibt, wird es uns bei diesen Gedichten und Geschichten behaglich warm – auch ums Herz.

Der Herausgeber

Richard Stöckle, 1930 in Sigmaringen geboren, war nach dem Studium von 1950 bis 1991 im Schuldienst, zuletzt über 20 Jahre als Rektor in Tübingen-Hirschau. Er schrieb Erzählungen und Gedichte für Kalender, Zeitungen und den Hörfunk, zudem mehr als hundert Schwäbische Mundarthörspiele, vor allem für den Südwestfunk Tübingen.

Sepp Buchegger, 1948 in Bad Berneck geboren, ist in Bayreuth aufgewachsen und studierte Sport und Politik in Tübingen. Dort arbeitet er heute als freier Zeichner, hauptsächlich für das Schwäbische Tagblatt und den Südwestfunk.

Thomas Vogel, Dr. phil., 1947 in Sindelfingen geboren, studierte Romanistik, Theologie und Kunstgeschichte in Tübingen und Heidelberg. 1980 kam er zum Südwestfunk und ist heute Leiter der Kulturredaktion im SWF-Landesstudio Tübingen. Er veröffentlichte u. a. Lieder, Gedichte, Kurzgeschichten und Essays, außerdem zahlreiche Funkfeatures und Hörspiele für den Südwestfunk.

Traugott Haberschlacht
Kleine Geschichten aus alter Zeit
Verbürgtes, Überliefertes und Erfundenes von der Stein- bis zur
Backsteinzeit. 213 Seiten mit 15 Zeichnungen. Die von Sachkenntnis
nicht ungetrübten historischen Purzelbäume dieses Buches beweisen,
daß Geschichten aus der alten Geschichte weder langweilig und
trocken sein müssen, noch einer gewissen Aktualität entbehren.

Traugott Haberschlacht
Kleine Geschichte(n) von Baden-Württemberg
Verbürgtes, Überliefertes und Erfundenes von der Früh-
bis zur Spätzeit. 238 Seiten mit 16 Zeichnungen. 39 historische
Purzelbäume zum Schmunzeln und Nachdenken.

Mord und Todtschlag in Schwaben
Zwei Leichen im Weinberg und andere (zum Glück) nicht all-
tägliche Kriminalfälle. Entdeckt, bearbeitet und herausgegeben von
Diedrich Genth. 160 Seiten mit 65 Abbildungen. Spannende Krimi-
nalfälle aus alten Polizei- und Gerichtsakten: authentisch, hinter-
gründig, unterhaltsam. Mit vielen zeitgenössischen Bildcollagen.

Angelika Bischoff-Luithlen
Der Schwabe und die Obrigkeit
Nicht nur Gemütvolles aus alten Akten und schwäbischen Dorf-
archiven. 260 Seiten mit 10 Zeichnungen. Der Alltag des „kleinen
Mannes" im alten Württemberg und sein Verhältnis zur weltlichen
und geistlichen Obrigkeit.

Gunter Haug
Droben stehet die Kapelle…
Ausflüge in die Vergangenheit Schwabens. 190 Seiten mit 15 Zeich-
nungen. Erlebte Geschichte auf fünfzig Ausflügen zu schwäbischen
Sehenswürdigkeiten, Museen, Gedenkstätten und Naturdenkmalen.

Manfred Wetzel
Vom Mummelsee zur Weibertreu
Die schönsten Sagen aus Baden-Württemberg. 418 Seiten
mit 48 Zeichnungen. 200 Sagen aus allen Landesteilen
Baden-Württembergs, neu erzählt und reizvoll illustriert.

Fritz Peter Seitz
Gottfried Fingerles schwäbische Lebensfilosofie
Mit Zeichnungen von Sepp Buchegger. Hrsg. von Thomas Vogel.
77 Seiten mit 12 Zeichnungen. Humorvolle Mundartglossen über
Menschliches und Allzumenschliches. Aus der Rundfunksendung
„Schwäbische Stunde".

Wolfgang Walker
Du, Mutter, wenn ich größer bin
Gedichte von früher – wiederentdeckt in UAwg. 160 Seiten.
Gedichte für jeden Tag und alle Lebenslagen, gesucht und gefunden
in der bekannten SDR-Sendung „UAwg".

Wolfgang Walker
Um Antwort wird gebeten
Geschichten von Tieren und Menschen. 115 Seiten. Heitere und
ernste Geschichten um die SDR-Sendung: „UAwg". Die schönsten
Begebenheiten jetzt im Buch.

Karl Napf
Der Schultes
Anekdoten ums Rathaus. 126 Seiten mit 8 Zeichnungen von
Mechtild Schöllkopf-Horlacher. Der „neue Napf": 99 Anekdoten
um Bürgermeister, Bauraschultes und Gemeinderäte in Baden-
Württemberg.

Karl Napf
Der neue Schwabenspiegel
208 Seiten mit 14 Zeichnungen von Mechtild Schöllkopf-Horlacher.
Nicht ganz ernst gemeinte Betrachtungen über schwäbische
Leut' von heut', z. B. „Die Kehrwöchnerin", „Der Daimlerarbeiter",
„Der Häuslebauer", „Der Tüftler" und viele mehr.

Karl Napf
Der fromme Metzger
Heitere Geschichten aus der Provinz. 196 Seiten mit 14 Zeichnungen
von Mechtild Schöllkopf-Horlacher. 30 knapp gefaßte amüsante
„neue Schwarzwälder Dorfgeschichten".